Grands Événements | numéro **10**

L'INQUISITION,
LE BRAS ARMÉ DE L'ÉGLISE

— Du Moyen Âge au XIXe siècle

par Mélanie Mettra

50MINUTES

Avec la collaboration de Thomas Jacquemin

L'INQUISITION

- **Quand ?** Du concile de Toulouse (1229) à 1834.
- **Où ?** En Europe (à l'exception de l'Angleterre) et en Amérique centrale.
- **Contexte ?** La lutte de l'Église catholique contre les hérésies.
- **Protagonistes ?**
    - L'Église catholique.
    - Les souverains européens.
    - Les hérétiques.

Le destin de chaque religion est souvent d'être considérée comme une dérive hérétique du culte en place avant de devenir elle-même institutionnelle. Après avoir subi les affres de la répression romaine, le christianisme de la fin de l'Antiquité s'incarne dans l'Église catholique qui, par son souci de donner un cadre dogmatique à la foi, définit les limites au-delà desquelles toute croyance devient une hérésie. Celle-ci, d'abord punie de peines spirituelles, dont l'excommunication est la plus sévère, est rapidement considérée comme plus qu'un simple écart. En effet, le christianisme étant devenu religion officielle de l'Empire romain en 392, toute contestation religieuse a des implications politiques.

Au début du Moyen Âge, face à l'émergence du valdéisme et du catharisme, l'Église décide de se doter d'une institution de contrôle et de répression de toute forme de déviance : hérésie cathare et vaudoise, judaïsme, islam, protestantisme, mais aussi sorcellerie, humanisme et science. Au fil des siècles, les procédures de l'inquisition s'ébauchent et se durcissent. Elle concerne tous les pays européens, mais avec des destins différents. Si elle est inexistante en Angleterre, elle s'éteint lentement en France entre le XVe siècle et le XVIIe siècle, à l'époque même où elle connaît un âge d'or en Espagne. Du Moyen Âge au XIXe siècle, l'inquisition se forge une image de bras armé terrifiant de l'Église.

CONTEXTE

LE CATHARISME

Les prémices de l'inquisition se trouvent dans la décrétale du pape Lucius III (mort en 1185), *Ad Abolendam* (« Vers l'abolition »), promulguée en 1174. Ce texte vise à poser les fondations de la lutte contre les hérésies chrétiennes. En effet, dès la naissance même du christianisme, divers courants doctrinaires ont fait leur apparition. Parmi eux, le catharisme, apparu en Lombardie, connaît à partir de la fin du XIe siècle un engouement particulier, surtout dans le Languedoc, où il prend une forme radicale.

Le catharisme repose sur une vision dualiste : il existerait un principe bon, à l'origine de l'âme, et un principe mauvais, créateur de la matière. Suite à la chute originelle, l'esprit se trouve prisonnier de la matière. Tout homme est donc un ange enfermé dans son enveloppe charnelle. Selon la doctrine cathare, Jésus Christ ne s'est donc pas incarné, mais est un ange venu porter aux hommes la connaissance de leur nature angélique et la nécessité de retourner à cet état en se libérant, par leurs actes, de leur entrave matérielle. Les cathares refusent les rites imposés par l'Église catholique, essayant de suivre au plus près le Nouveau Testament et le modèle des premières communautés chrétiennes. Aucun des sacrements (mariage, eucharistie) n'est pratiqué, pas plus que le culte des saints ou la confession. De même, il n'y a pas de hiérarchie ecclésiastique. La seule pratique est celle du *consolamentum* (c'est-à-dire l'imposition des mains). Elle est un engagement à une ascèse sévère, à la rupture de tout lien familial, à un engagement total dans la foi et la prédication, pratiquées par les « parfaits ».

LA CROISADE DES ALBIGEOIS

Le catharisme se propage aussi bien dans les milieux ruraux que parmi les élites urbaines des régions de Toulouse, Albi (ce qui vaut aux cathares le surnom d'Albigeois), Carcassonne, Béziers. Redoutable pour l'Église catholique, il est condamné lors des conciles de Reims en 1148 et de Vérone en 1184, et le pape Innocent III (1161-1216) emploie une grande partie de son pontificat à tenter d'éradiquer l'hérésie cathare par des moyens pacifiques. Mais le mouvement gagne les élites politiques de la région, dont le comte Raymond VI de Toulouse (1156-1222), et met en péril l'Église et les biens dont elle dispose. Face à l'ampleur du mouvement et suite à l'assassinat du légat pontifical Pierre de Castelnau (vers 1170-1208), Innocent III se résout finalement à lancer une croisade contre le comte. Appelée « croisade contre les Albigeois », elle est menée par Simon IV de Montfort (comte de Toulouse, vers 1160-1218), le neveu même de Raymond VI. D'une rare violence, elle est marquée par la cruauté dans chacun des deux camps.

En 1229, le traité de Paris place le Languedoc sous la tutelle du roi de France Louis IX (1214-1270), qui exhorte le comte de Toulouse à poursuivre la lutte contre les Cathares. La même année, l'inquisition est instituée par le pape Grégoire IX (1170-1241), tandis que les tribunaux de Toulouse et de Carcassonne instruisent les procès en hérésie. La croisade se poursuit jusqu'en 1244, année marquée par la prise de la citadelle de Montségur par les croisés et la mort de 200 Albigeois sur le bûcher.

LA NAISSANCE DES ORDRES MENDIANTS

Au début du XIIIe siècle naissent de nouveaux ordres religieux, désireux de renouer avec l'Évangile et l'humilité des premiers apôtres. Nommés « ordres mendiants » du fait de leur mode de vie basé sur la pauvreté et la mendicité, les dominicains et les franciscains apparaissent à peu près à la même époque.

Les premiers portent le nom de saint Dominique. D'origine espagnole, le chanoine Dominique (1170-1221), missionné auprès de la cour française par le souverain de Castille, traverse le Languedoc entre 1203 et 1204, époque de l'expansion de l'hérésie cathare. Désireux de ramener à l'Église ses chrétiens égarés, il utilise la force de la parole prônée par l'Évangile. Fondateur du monastère féminin de Prouilhe à Fanjeaux, en plein pays cathare, il ne prend pas part à la croisade contre les Albigeois lancée par Innocent III. En 1215, il est reconnu par l'archevêque de Toulouse puis par le pape Honorius III (1150-1227), avec quelques missionnaires qu'il a regroupés autour de lui, comme prédicateur. C'est la naissance de l'ordre des Frères prêcheurs, nommés dominicains.

Les franciscains, du nom de saint François d'Assise (1181-1226), sont quant à eux des prédicateurs itinérants venus d'Italie. François, descendant d'une riche famille drapière, raconte avoir reçu à l'âge de 25 ans un appel le poussant à choisir une vie apostolique, en accord avec les valeurs de l'Évangile. Pauvreté, mendicité, prédication, le tout hors les murs du couvent et en refusant les règles conventuelles habituelles : l'ordre des Franciscains est reconnu par Innocent III en 1210.

C'est parmi ces hommes imprégnés d'une foi rigoureuse et sans attaches dans le monde laïc, que la papauté va choisir les juges des tribunaux inquisitoriaux.

JUIFS ET MAURES D'ESPAGNE

Les juifs sont présents dans la péninsule ibérique depuis l'époque romaine. Plutôt bien considérés sous la domination des Wisigoths ariens des Ve et VIe siècles, la christianisation de l'Espagne marque pour eux le début de plusieurs siècles de persécution. Sept conciles successifs réunis à Tolède prennent des mesures visant à priver les juifs de tout accès aux fonctions publiques, à la navigation, au commerce, à la propriété, les forçant à abjurer leur foi et à se convertir au christianisme.

À partir du VIIIe siècle, les musulmans installent les premiers califats en Espagne. Les autorités d'Al-Andalus (terres sous domination musulmane dans la péninsule ibérique) sont tolérantes vis-à-vis des religions du Livre (christianisme et judaïsme), respectant la liberté de culte malgré certaines restrictions portant sur l'accès à la fonction publique. Mais au début du XIe siècle, les princes catholiques castillans et aragonais lancent la Reconquista, visant à reconquérir les califats. Les juifs sont d'abord protégés par les souverains espagnols, qui souhaitent en faire des alliés dans la lutte contre les musulmans. Mais, après la chute d'Al-Andalus, ils sont à nouveau soumis à des mesures discriminatoires importantes, comme le confinement dans des quartiers réservés, ou le port de signes distinctifs.

De nombreux massacres émaillent la rechristianisation de l'Espagne, au XIIIe siècle. Une partie de la population juive se convertit officiellement au catholicisme, tout en continuant à pratiquer son culte en secret. Ces nouveaux chrétiens sont affublés du surnom de « marranes » (« ceux qui mangent du porc »).

Les musulmans espagnols, appelés « Maures » ou « Morisques », victimes de la Reconquista, subissent les mêmes persécutions. Les rois catholiques, après la prise de Grenade, dernier royaume musulman d'Espagne, en 1492, renforcent leur pression sur ceux qu'ils considèrent comme hérétiques. Ils chargent l'inquisition, placée sous leur autorité directe, de rétablir le catholicisme sur tout le territoire espagnol, et ce par la conversion forcée, les persécutions, et l'expulsion.

BIOGRAPHIES

UGOLIN, COMTE DE SEGNI, DIT GRÉGOIRE IX

Né entre 1145 et 1150 à Agnani (Italie), Ugolin de Segni est le neveu du pape Innocent III. Il devient cardinal-évêque d'Ostie en 1206, et assure en tant que légat pontifical des missions diplomatiques en Allemagne. Il prêche la croisade en Italie en 1217, en particulier auprès de Fréderic II (1194-1250), empereur du Saint Empire romain germanique.

Son pontificat (1227-1241) est marqué par son affrontement avec l'empereur, qu'il excommunie à deux reprises, la première fois pour ses réticences à répondre à son appel à la croisade lancé en 1227, la seconde pour avoir envahi la Lombardie en 1239. Entre 1229 et 1233, il met en place l'institution judiciaire exceptionnelle chargée de juger les crimes d'hérésie, l'inquisition. Proche des ordres mendiants, ami de saint François d'Assise (qu'il fait canoniser), ainsi que d'Antoine de Padoue et de saint Dominique, il confie aux dominicains le soin de présider aux tribunaux de l'inquisition.

Il meurt à Rome le 21 août 1241.

BERNARD GUI

Né à Royère (France) en 1261, Bernard Gui fait son noviciat chez les dominicains. Prieur d'Albi, de Carcassonne, de Castres et de Limoges, il prend ses fonctions d'inquisiteur à Toulouse en 1305, et combat en particulier l'hérésie cathare dont il fait exécuter, sur le bûcher, le plus important représentant, Pierre Authié (mort en 1311). Nommé ensuite évêque de Tuy (Espagne) en 1323 et de

Lodève (France) en 1324, il est l'auteur du premier manuel d'inquisiteur, le *Practica officii hereticae pravitatis inquisitionis* (*Pratique de l'inquisition*, 1321-1323).

Il meurt à Lauroux (France) le 30 décembre 1331.

JACQUES FOURNIER DIT BENOÎT XII

Né à Saverdun (France) vers 1280, Jacques Fournier est envoyé à Paris par son oncle maternel, appartenant à l'ordre cistercien et abbé de Fontfroide, afin d'y étudier la théologie. Il est désigné par ce même oncle, devenu évêque, pour lui succéder, et devient abbé de Fontfroide, office qu'il remplit de 1311 à 1317. Cette année-là, il reçoit également l'évêché de Pamiers (France). Si son statut d'évêque ne devrait pas lui permettre d'assurer la charge d'inquisiteur, réservée aux moines dominicains, sa connaissance de la langue et du pays lui donnent la possibilité de présider le tribunal d'inquisition qui siège à Pamiers et est chargé de juger les hérétiques cathares. Il note et conserve le récit méticuleux de ses enquêtes et de ses interrogatoires, faisant de ses registres d'inquisition une source inestimable de connaissance de la vie des habitants du village de Montaillou. Il préside également aux procès intentés contre des juifs et des sorcières. En 1326, il est nommé évêque de Mirepoix (France). Après avoir été nommé cardinal, il est élu pape en décembre 1334 et installe la papauté en Avignon, où il meurt en 1342. Son pontificat est marqué par le rigorisme de ses réformes.

TOMAS DE TORQUEMADA

Né en 1420 à Valladolid (Espagne), il effectue son noviciat chez les dominicains de sa ville natale et devient prieur du couvent de Santa Cruz à Ségovie. Sa foi est inébranlable, rigoriste et intransigeante face aux religions juive et musulmane, qu'il voit comme une menace pour l'unité nationale de l'Espagne.

Confesseur des rois catholiques (Ferdinand II d'Aragon, 1452-1516, et Isabelle Ire de Castille, 1451-1504), il se voit confier par ces derniers la charge d'inquisiteur général de Castille, d'Aragon et de Catalogne. Il organise l'institution inquisitoriale dans toute l'Espagne, développant un réseau de tribunaux locaux, et rédige un code de procédure élaboré, la *Compilacion de las instructiones de la santa Inquisicion* (*Compilation des pratiques de la sainte inquisition*). Responsable de plus de 2 000 morts pendant les 16 ans qu'a duré son mandat d'inquisiteur, il est également l'initiateur et le plus grand défenseur de la politique d'expulsion des juifs d'Espagne.

Il meurt le 16 septembre 1498 à Avila, où il avait repris la vie monastique.

FERDINAND II D'ARAGON ET ISABELLE Ire DE CASTILLE, LES ROIS CATHOLIQUES

Ferdinand d'Aragon est né le 10 mai 1452 à Sos (Espagne). En 1461, il hérite de la couronne d'Aragon et épouse huit ans plus tard l'infante Isabelle de Castille. Celle-ci est née le 22 avril 1451 à Madrigal de las Altas Torres. Lorsque son frère, Henri IV de Castille, meurt en décembre 1474, elle lui succède sur le trône. Son époux Ferdinand obtient quant à lui la couronne d'Aragon en 1479. Tous deux relancent la Reconquista, qui s'achève avec la prise de Grenade en 1492. Ils mettent ensuite en place l'inquisition espagnole. Sous leur autorité propre et non plus sous celle du pape, elle a pour vocation de consolider la nouvelle unité nationale en jugeant les hérétiques, musulmans et juifs en particulier, dont les souverains organisent l'expulsion et le pillage des biens. C'est également sous leur règne que Christophe Colomb (navigateur génois, 1450/1451-1506) effectue ses voyages vers l'Amérique, lançant la colonisation espagnole outre-Atlantique. Isabelle de Castille meurt le 26 novembre 1504, et Ferdinand d'Aragon le 23 janvier 1516.

LES INQUISITIONS MÉDIÉVALE ET ESPAGNOLE

LES ORIGINES DE L'INQUISITION MÉDIÉVALE

Le concile de Vérone en 1184, qui déclare hérétiques un certain nombre de mouvances religieuses, donne le signal de la mise en place d'une première forme d'inquisition. Durant cette première phase, ce sont encore les évêques qui, avertis par les populations locales et les seigneurs de l'existence de potentiels hérétiques, prononcent des sanctions purement religieuses ou de déchéance, les peines matérielles étant du ressort des autorités publiques.

À partir du XIe siècle, face à l'ampleur grandissante de deux courants hérétiques – le catharisme et le valdéisme – la nécessité d'une véritable institution destinée à sanctionner l'hérésie se fait jour. Le concile de Toulouse fixe les missions et les procédures de ce qui deviendra l'inquisition. Mais ces statuts, communiqués à tous les évêques, soulèvent des réticences parmi ces derniers. Aussi, le pape Grégoire IX confie-t-il les procédures inquisitoriales aux membres des nouveaux ordres mendiants en 1233. Dominicains et franciscains se chargent peu à peu d'en définir les règles, de plus en plus codifiées, avec le soutien du pouvoir temporel.

LE VALDÉISME

À la même époque que le catharisme, se répand un autre courant de foi divergeant du catholicisme, le valdéisme, dont les fidèles sont nommés vaudois. Cette religion tire son nom de Pierre Valdo (1140-1217), un marchand lyonnais qui, après s'être enrichi grâce à son commerce, a souhaité revenir à la pauvreté des premiers chrétiens. Il présente ses thèses au pape en 1179 et demande l'autorisation de prêcher. Mais le valdéisme est condamné par l'Église au concile de Vérone en 1184. Le valédisme ne s'en développe pas moins dès le début du XIIe siècle, prenant de l'ampleur et gagnant la vallée du Rhône, le Dauphiné, les régions alpines, le Languedoc, le Piémont italien et l'Allemagne. Les vaudois sont pourchassés, persécutés et massacrés jusqu'au milieu du XVIe siècle par l'inquisition et les autorités civiles, en particulier dans les Alpes dauphinoises et provençales (massacre du Luberon en 1547). En 1532, un synode décide de l'intégration du mouvement à la Réforme protestante.

LE SURSAUT CATHARE

Après la croisade des Albigeois, la chute de Montségur en 1244 et une période de repli du catharisme, en 1300, Pierre Authié (mort en 1311), l'un des membres les plus reconnus de la communauté cathare, revient de Lombardie, autre foyer du catharisme, et sonne le réveil de l'hérésie albigeoise, en particulier dans le comté de Foix. La réplique de l'Église est ferme. L'inquisiteur de Carcassonne, Geoffroy d'Ablis (mort en 1316), fait arrêter en 1308 tous les habitants du village de Montaillou, dont le curé et la châtelaine, tous proches de Pierre Authié. Ce dernier est condamné au bûcher en 1311 par l'inquisiteur de Toulouse, Bernard Gui, tandis que les habitants de Montaillou sont relâchés. Entre 1318 et 1325, Jacques Fournier (1280-1342) reprend les procédures de Geoffroy d'Ablis à l'encontre des habitants de Montaillou et condamne les derniers représentants du catharisme à des peines allant du mur au bûcher. La même sévérité frappe les cathares d'Italie du Nord.

UNE GÉOGRAPHIE TRÈS DIVERSE

Si la France, et plus particulièrement le Languedoc, ainsi que la Lombardie sont soumises à une pratique inquisitoriale sévère, il n'en est pas de même dans toute l'Europe. L'Angleterre connaît peu de foyers d'hérésie et ne compte aucun tribunal de l'inquisition. L'Espagne, après les émois de la croisade contre les Albigeois et une période de lutte contre le catharisme (en particulier dans le comté de Tarragone), ne recourt que peu à l'inquisition avant le xve siècle. En Allemagne, l'inquisiteur Conrad de Marburg (vers 1190-1233) est missionné pour lutter contre une variante du catharisme, le luciféranisme. Des tribunaux sont également implantés en Bohême et en Hongrie.

LES PROCÉDURES INQUISITORIALES MÉDIÉVALES

Après la croisade contre les Albigeois, dont la brutalité et la cruauté ne peuvent être des moyens durables de répression de l'hérésie, la papauté décide de mettre en place une procédure plus régulière et codifiée. Le terme « inquisition » vient du latin *inquisitio*, qui signifie « recherche », « investigation ». Pour faire revenir les égarés dans la vraie foi, une dénonciation et une prédication ne suffisent plus : il convient désormais de mettre en place une véritable procédure, la plus exempte d'arbitraire et surtout la plus efficace possible, grâce à des sanctions de plus en plus dissuasives. La comparution devant le tribunal de l'inquisition est donc un vrai procès, dont la durée est souvent très longue.

Le procès-verbal de la première comparution est dressé par un notaire, devant témoins. Ensuite, ce n'est souvent pas l'inquisiteur lui-même, mais un assesseur, qui procède à l'interrogatoire de l'accusé et des témoins, qui restent anonymes dans les actes rédigés. L'interrogatoire compte un certain nombre de questions prédéfinies, mais celui qui le mène a toute liberté de l'approfondir. À partir de 1252, si le comparant n'avoue pas spontanément sa faute, il peut être torturé afin de reconnaître ses torts.

Une fois la faute reconnue, les aveux sont rédigés en latin et en langue vulgaire, lus à haute voix à l'accusé, qui les ratifie, abjure son hérésie devant l'inquisiteur, demande grâce de l'excommunication et s'engage à respecter la sentence qui va être prononcée à son encontre. L'inquisiteur et ses assesseurs se réunissent ensuite, éventuellement assistés par des juristes laïcs ou religieux, pour délibérer sur le cas et la sentence qui peut s'y appliquer. Une fois celle-ci déterminée, elle est prononcée devant l'accusé, en public, lors d'une cérémonie appelée « sermon », et est immédiatement appliquée. Le tribunal ne rend que les sentences, l'application des peines relevant de l'autorité publique. Durant le temps de l'interrogatoire et de la délibération, le prévenu peut être enfermé ou laissé en liberté.

Les sanctions vont de peines légères à la mort : prières, pèlerinage, port de croix jaunes, pilori pour les faux témoins, confiscation des biens, mur (emprisonnement), mur strict (emprisonnement avec fers et nourriture réduite au pain et à l'eau), ou bûcher. Alors que cette dernière peine est devenue un symbole de l'inquisition, elle est très peu répandue au Moyen Âge (seulement 1 % environ des sentences prononcées).

RÉSISTANCES ET CONTRÔLE

L'inquisition, malgré son aspect tout-puissant, a fait l'objet de résistances, à la fois populaires et gouvernementales. Quatre inquisiteurs ont ainsi été assassinés au cours du XIIIᵉ siècle :

- Conrad de Marburg, le premier inquisisteur allemand qui s'oppose à la noblesse, est tué par des chevaliers en 1233 ;
- en 1242, des hommes de Montségur entrent dans la petite ville d'Avignon et massacrent les deux inquisiteurs, Guillaume Arnaud et Étienne de Saint Thibéry venus enquêter sur les cathares de la région. En représailles, en 1244, la citadelle de Montségur est détruite et 220 habitants sont condamnés au bûcher ;
- en 1252, l'inquisiteur de Milan Pierre de Vérone (1205-1252) est assassiné d'un coup de faucille.

À la fin du XIVe siècle, l'inquisiteur de Carcassone Jean Galand fait l'objet d'enquêtes lancées par le roi de France et le pape, face à son action, plus proche de la folie que du zèle. Il en est de même de l'inquisiteur de France Robert le Bougre, suite à la dénonciation par les évêques de sa brutalité. Ce dernier, ancien cathare revenu à l'orthodoxie catholique et dominicain, est suspendu par le pape et interné à vie.

Les dominicains sont même démis de leurs fonctions dans l'inquisition pendant quelques années. Le roi de France Philippe le Bel (1268-1314) impose également un droit de regard du pouvoir royal, par le biais des sénéchaux, sur les arrestations, les sentences et les conditions de détention des prisonniers de Carcassonne. Le pape Clément V fait de même et limite, en 1312, les pouvoirs de l'inquisition en impliquant à nouveau le clergé local. Tout au long du Moyen Âge se déroule donc un jeu de pouvoir entre l'inquisition, le Saint-Siège et les pouvoirs royaux, qui tantôt se soutiennent tantôt se contrôlent afin de mener à bien leur mission de lutte contre l'hérésie.

LES VICTIMES DE L'INQUISITION

Si l'hérésie cathare est une cible de prédilection pour l'inquisition médiévale, elle n'est pas la seule victime des tribunaux inquisitoriaux.

Au début du XIVe siècle, le roi de France Philippe le Bel charge l'inquisiteur de Paris, Guillaume Humbert, d'instruire le procès de l'ordre du Temple.

À la fin du Moyen Âge, l'Église s'intéresse également aux sorcières. Femmes se livrant à des sabbats (réunions nocturnes dédiées à la folie des sens), veuves versées dans les soins « magiques », femmes souffrant de déficiences mentales : nombreuses sont celles qui mettent en péril l'ordre familial, religieux et public. Les inquisiteurs sont chargés, depuis la promulgation de la bulle *Summis desiderantes affectibus* (*Désireux d'ardeur suprême*) par le pape Innocent VIII en 1484, d'officier en matière de sorcellerie. Deux inquisiteurs dominicains allemands, Henri Institoris (vers 1430-vers 1505) et Jacques Sprenger (1436/1438-1496) publient entre 1486 et 1487 le *Malleus Maleficarum* (*Le Marteau des sorcières*), sorte de vade-mecum pour les procès en sorcellerie. La condamnation des sorcières au bûcher est rare durant le Moyen Âge, et devient plus fréquente à la Renaissance, surtout en Europe du Nord, lorsque les procès sont confiés à des laïcs, parfois plus superstitieux que les instances religieuses. La pratique de la torture est répandue, mais avec certaines restrictions pour les femmes enceintes – la vie du fœtus devant être préservée – et les jeunes accouchées, trop fragiles ou allaitantes. Des vagues de « chasses aux sorcières » émaillent les xv, xvi et xviie siècles.

Les juifs font également l'objet de persécutions récurrentes, ainsi que les musulmans et les protestants. Au xvie siècle, succédant à la France médiévale, l'Espagne fait figure de modèle en matière inquisitoriale.

L'INQUISITION IBÉRIQUE

L'inquisition espagnole, refondée en 1478 à l'initiative des souverains espagnols Ferdinand d'Aragon et Isabelle de Castille, diffère quelque peu de l'inquisition médiévale, d'abord parce qu'elle est étroitement liée au pouvoir royal. L'inquisiteur général, nommé par le pape, est choisi par les souverains. Son autorité est déléguée à une soixantaine d'inquisiteurs répartis dans 20 districts. Le conseil général de la suprême inquisition siège à la cour. Autre différence, les inquisiteurs ne sont plus des dominicains ou des franciscains, mais bien des juristes. L'inquisition s'inscrit dans la politique des rois catholiques visant à unifier le territoire espagnol, au niveau religieux en particulier. Or l'Espagne compte une population juive de plus d'un million d'habitants à la fin du XIVe siècle.

Cantonnée dans des quartiers qui lui sont réservés, la communauté juive est régulièrement victime de massacres. Après « les baptêmes sanglants » de 1391, vague de persécutions qui voit plus de 50 000 personnes baptisées de force et l'exécution de 50 000 autres pour avoir refusé le baptême, les juifs convertis pratiquent leur religion en secret. Ces *conversos* (« convertis », « nouveaux-chrétiens »), surnommés « marranes » du fait de leur consommation de viande de porc – imposée par les chrétiens, mais rejetée par leur propre foi –, restent au ban de la société. L'accès aux fonctions importantes leur est refusé, et les mesures de contrôle se multiplient.

Poursuivis par l'inquisition au moindre soupçon de pratiques cachées de leur religion, ils sont jugés et condamnés lors d'autodafés (actes de foi), cérémonies durant lesquelles sont prononcés le jugement et la sentence, suivie de son application (généralement le bûcher). Malgré cette traque permanente, l'importance de la population juive et sa résistance à la main de fer ecclésiastique et royale conduisent le grand inquisiteur de Castille Tomas de Torquemada à suggérer aux rois catholiques de les expulser d'Espagne, conseil qu'ils suivent en signant le décret d'expulsion au mois de janvier 1492. Le verdict est sans appel : plus de 200 000 juifs préfèrent le départ à la conversion. Au Portugal, le roi Manuel Ier les imite en 1496, avant de revenir sur sa décision. L'inquisition n'y est d'ailleurs officiellement établie qu'en 1531, essentiellement pour poursuivre les marranes.

Autre population importante en Espagne, les Maures ou Morisques, musulmans autrefois habitants d'Al-Andalus – dont les rois catholiques ont sonné le glas avec la prise de Grenade en 1492 –, sont victimes des mêmes persécutions que les juifs, devant choisir entre la conversion et l'exil. Ils se soulèvent entre 1569 et 1572 contre le roi Philippe II (1527-1598), mais la révolte des Alpujarras (dite aussi de Grenade), est réprimée dans le sang et donne lieu à de terribles représailles. Outre de nouvelles conversions forcées, la couronne espagnole ordonne la déportation des populations dans différentes régions d'Espagne et durcit ses persécutions. L'expulsion des Maures est finalement organisée en 1609, comme celle des juifs plus d'un siècle plus tôt.

Mais l'inquisition ibérique ne se limite pas au continent européen. Avec la découverte et la colonisation des territoires américains, une autorité ecclésiastique à même de diffuser et d'évangéliser les populations conquises est nécessaire. L'inquisition s'installe donc outre-Atlantique à partir de 1571. Son œuvre n'est pas aussi répressive qu'en Europe, car son but n'est pas de punir l'hérésie, mais de convertir des populations ignorant tout du christianisme. Elle contrôle le clergé local (en particulier les prêtres qui profitent de l'éloignement avec leur hiérarchie pour violer leur vœu de célibat, se livrant à des plaisirs charnels parfois extrêmes), mais aussi les Indiens et les esclaves noirs. Les fautes les plus communément sanctionnées sont l'idolâtrie, le blasphème et la polygamie. Les procès et les peines sont sans commune mesure avec ce qui est pratiqué en Europe.

LA LUTTE CONTRE LES PROTESTANTS

Après la lutte contre les cathares, les vaudois, les juifs, les musulmans, l'une des grandes préoccupations de l'inquisition à partir du XVIe siècle est la lutte contre le protestantisme.

En France celle-ci est confiée aux tribunaux royaux. En Espagne, les tribunaux de Saragosse, de Tolède et surtout de Séville traquent les luthériens. Entre 1558 et 1565, plusieurs centaines de suspects sont condamnés, dont plus d'un tiers à une peine de bûcher. À Rome, après l'échec de la diète de Ratisbonne de 1541, durant laquelle catholiques et protestants tentent de trouver un compromis, le pape Paul III (1468-1549) crée en 1542 la Sacrée Congrégation de l'Inquisition romaine et universelle, et la lutte contre le protestantisme occupe majoritairement le tribunal cardinalice jusqu'à la fin du XVIe siècle.

L'INQUISITION ROMAINE

La Sacrée Congrégation de l'Inquisition romaine et universelle mise en place par Paul III est l'une des congrégations de la curie romaine, qui regroupe tous les organismes administratifs et judiciaires du gouvernement catholique. L'inquisition romaine a théoriquement juridiction sur toute la chrétienté, à l'exception de l'Espagne et du Portugal, dont les tribunaux inquisitoriaux sont sous l'autorité du pouvoir royal. Mais en dehors des États pontificaux, les membres de la Sacrée Congrégation ne sont guère acceptés, les pouvoirs locaux préférant garder la main sur la lutte contre l'hérésie. Même en Italie, elle rencontre des résistances, en particulier à Milan et à Venise.

Tribunal de première instance, mais également d'appel pour les décisions prises par les autres tribunaux inquisitoriaux, la Sacrée Congrégation se concentre sur l'éradication de la doctrine protestante, en mettant notamment en place en 1571 la congrégation de l'Index, qui établit une liste de toutes les œuvres prohibées. Elle intervient également dans le domaine de la pensée scientifique, condamnant les nouvelles découvertes astronomiques de Nicolas Copernic (1473-1543) et instruisant les procès de ses défenseurs et promoteurs, qui remettent en cause la théorie d'une Terre immobile autour de laquelle tourneraient les éléments d'un univers fini. Au XVIIe siècle, reflet des préoccupations de son temps, la Congrégation s'intéresse à la magie, à la sorcellerie et à l'alchimie.

RÉPERCUSSIONS

ÉVOLUTION ET FIN DE L'INQUISITION

Après la disparition des cathares, la destruction des Templiers et malgré quelques procès retentissants, la charge d'inquisiteur en France devient rapidement plus un titre honorifique qu'une charge. Le dernier inquisiteur de Carcassonne meurt en 1703, et le poste reste vacant.

Au Portugal, le premier ministre décide de la réformer dès le XVIIIe siècle. En 1769, l'inquisition n'est plus liée à l'Église, mais est un tribunal d'État. Elle ne poursuit plus les *conversos*, et finit par disparaître définitivement en 1821.

En Espagne et en Amérique, l'inquisition reste active jusqu'au XIXe siècle. Lorsque Napoléon Ier (1769-1821) envahit l'Espagne, il l'abolit en décembre 1808. Rétablie en 1814 par le roi Ferdinand VII lors du retour au pouvoir des dynasties espagnoles, elle est l'auxiliaire de la restauration de la monarchie absolue, condamnant non plus seulement les hérésies, mais toute forme d'opposition au pouvoir en place. En Amérique, l'inquisition doit faire face aux premiers soulèvements indépendantistes, en particulier au Mexique. Un curé, José Maria Morelos (1765-1815), ayant pris la tête de rebelles à l'autorité du vice-roi, est ainsi condamné à mort par l'inquisition en 1815. Cinq ans plus tard, alors que des troupes armées doivent être envoyées au Mexique afin d'y mettre de l'ordre, l'un des chefs militaires, Rafael del Riego (1785-1823), organise une mutinerie, refusant de se rendre en Amérique. Le procès bâclé de José Morelos, le *pronunciamiento* de Riego poussent Ferdinan VII à ne pas renouer avec l'absolutisme, dont l'inquisition était l'un des moyens ; aussi le souverain prend-il ses distances avec l'institution. Quelques *juntas de Fe* (« commissions de foi ») persistent toutefois dans certains diocèses. La condamnation à mort de Cayetano Ripoll (1778-1826), instituteur accusé de lire des philosophes matérialistes et de ne pas enseigner le catholicisme à ses élèves, prononcée par la *junta* de Valence en 1826 émeut l'Europe et pousse Ferdinand VII à mettre un terme à l'existence des *juntas de Fe*. Son décès en 1833 l'empêche de mettre un terme à l'inquisition et c'est la régente Marie-Christine (1806-1878) qui, à l'aube de la première guerre carliste, abolit définitivement l'inquisition espagnole en 1834.

À Rome, en 1908, le pape Pie X réorganise en profondeur la curie romaine, réduisant le nombre de congrégations. La Sacrée Congrégation de l'Inquisition romaine et universelle devient la Congrégation du Saint-Office, nom que l'on donnera souvent rétrospectivement à toutes les inquisitions européennes de l'époque moderne. La congrégation de l'Index est quant à elle supprimée en 1917.

Le Saint-Office continue de donner des directives en matière d'orthodoxie de la pensée et de la pratique catholique. Ses compétences sont redéfinies lors du concile de Vatican II, en 1965, sous le pontificat de Paul VI (1897-1978), qui lui donne le nom de Congrégation pour la doctrine de la foi. La congrégation compte actuellement 23 membres, assistés de 28 consulteurs, de toutes nationalités, qui se réunissent régulièrement afin de confronter la doctrine catholique aux évolutions scientifiques et sociétales. Leurs travaux sont transmis aux évêques lors de rencontres au Vatican qui ont lieu tous les cinq ans.

L'INQUISITION DANS LA PENSÉE MODERNE ET CONTEMPORAINE

L'inquisition véhicule une réputation sombre et sanglante. Si elle a en réalité su souvent faire preuve d'une certaine modération au cours de ses six siècles d'existence, ce sont ses méthodes répressives et violentes, la dureté de ses positions et sa défense outrancière d'une doctrine qui a, de ce fait, paru figée et sclérosée qui ont marqué ses contemporains et les détracteurs de la religion en général, et du catholicisme en particulier. Or l'inquisition a fait en 600 ans bien moins de victimes que les tribunaux civils, et les cathares ont davantage souffert de la croisade de Simon IV de Montfort que de l'inquisition. De même, la Révolution française (1789) a fait plus de victimes en une décennie, et les exactions de Tomas de Torquemada font pâle figure à côté de celles commises par Robespierre (homme politique français, 1758-1794). Mais c'est exaspérés par les exactions d'une Église abusant de son influence sur le pouvoir temporel et se complaisant dans le fanatisme que les philosophes des Lumières, à l'image de Voltaire (1694-1778) ironisant sur les autodafés dans *Candide*, ou des articles de l'*Encyclopédie* rédigés par Diderot (1713-1784) et d'Alembert (1717-1783), puis les penseurs de l'anticléricalisme du XIXe siècle, font de l'inquisition le symbole d'une Église obscurantiste et refermée sur elle-même, dont le caractère implacable et redoutable fait encore frémir l'imaginaire contemporain.

EN RÉSUMÉ

1229	Instauration de l'inquisition
1233	La mission inquisitoriale est confiée aux ordres mendiants
1252	Le pape autorise le recours à la torture
1478	L'inquisition espagnole est chargée de la répression du judaïsme et de l'islam
1484	L'inquisition est chargée des procès pour sorcellerie
1542	Instauration de la Sacrée Congrégation de l'Inquisition romaine et universelle
1703	Disparition du dernier inquisiteur français
1834	L'inquisition espagnole est abolie
1908	La Sacrée Congrégation de l'Inquisition romaine et universelle devient la Congrégation du Saint-Office

- L'inquisition est instaurée en 1229 pour faire face à l'expansion de l'hérésie cathare en Lombardie et en Languedoc, et à celle du valdéisme dans les régions de l'Est de la France et de l'Allemagne.

- En 1233, la mission inquisitoriale est confiée aux ordres mendiants, dominicains et franciscains.

- En 1252, le pape autorise l'utilisation de la torture pour obtenir les aveux des accusés.

- Les cathares et les vaudois disparaissent après la grande campagne d'éradication menée par les inquisiteurs de Toulouse et Carcassonne au début du XIVe siècle.

- À partir de 1484, l'inquisition est chargée du procès des sorcières, avant d'être suppléée par des tribunaux laïcs.

- À partir de 1478, l'inquisition espagnole est chargée de la répression du judaïsme et de l'islam en Espagne, puis au Portugal et dans les colonies américaines.
- En 1542, la Sacrée Congrégation de l'Inquisition romaine et universelle est instaurée pour faire face au développement du protestantisme.
- En 1703, disparaît le dernier inquisiteur français.
- En 1834, l'inquisition espagnole est abolie.
- En 1908, la Sacrée Congrégation de l'Inquisition romaine et universelle prend le nom de Congrégation du Saint-Office. Il est remplacé par la Congrégation pour la doctrine de la foi en 1965.

POUR ALLER PLUS LOIN

SOURCES BIBLIOGRAPHIQUES

- BENASSAR (Bartolomé), *L'inquisition espagnole*, Paris, Hachette, 1979.
- BOURIN-DERRUAU (Monique), *Temps d'équilibres, temps de ruptures. XIIIe siècle*, Paris, Seuil, 1990.
- DUVERNOY (Jean), *Le registre d'inquisition de Jacques Fournier*, Paris, Mouton, 1978.
- FÉDOU (René), *Lexique historique du Moyen Âge*, Paris, Armand Colin, 1989.
- LE ROY LADURIE (Emmanuel), *Montaillou, village occitan*, Paris, Gallimard, 2008.
- MOURRE (Michel), *Dictionnaire encyclopédique d'Histoire*, Paris, Bordas, 1996.
- TESTAS (Guy) et TESTAS (Jean), *L'inquisition*, Paris, PUF, coll. « Que sais-je ? », 2001.

SOURCES COMPLÉMENTAIRES

- BERNAND (Carmen) et GRUNBERG (Bernard), « L'Inquisition apostolique au Mexique. Histoire d'une institution et de son impact dans une société coloniale (1521-1571) », in *Archives de sciences sociales des religions*, n° 110, avril-juin 2000.
- BERTRAND (Paul), « Ordres mendiants et renouveau spirituel du bas Moyen Âges (fin du XIIe siècle-XVe siècle) », in *Le moyen Âge*, 2/2001 (Tome CVII), p. 305-315.
- DEDIEU (Jean-Pierre), « Les causes de la foi de l'inquisition de Tolède (1483-1820) : Essai statistique », in *Mélanges de la Casa de Velázquez*, t. 14, 1978, p. 143-171.

- DEDIEU (Jean-Pierre), « Henri Institoris et Jacques Sprenger. *Le Marteau des sorcières (Malleus Maleficarum)* », in *Annales. Économies, Sociétés, Civilisations*, 1991, vol. 46, n° 6, p. 1294-1295.
- DÉFOURNEAUX (Marcelin), « Les dernières années de l'inquisition espagnole 1814-1820-1834 », in *Annales historiques de la Révolution française*, 35ᵉ année, n° 172 (avril-juin 1963), p. 161-184.
- ESCAMILLA-COLIN (Michèle), « L'Inquisition espagnole et ses archives secrètes (XVᵉ-XVIᵉ siècles) », in *Histoire, économie et société*, 1985, 4ᵉ année, n° 4, p. 443-477.
- JANIN-THIVOS (Michèle), « Torture inquisitoriale et nudité : la pudeur en question », in *Rives nord-méditerranéennes*, t. 30, 2008.

LITTÉRATURE

- HUGO (Victor), *Torquemada*, 1882.
- YOURCENAR (Marguerite), *L'Œuvre au noir*, 1968.
- GOUGAUD (Henri), *Bélibaste*, 1982.
- ECO (Umberto), *Le Nom de la rose*, 1982.
- GOUGAUD (Henri), *L'Inquisiteur*, 1984.
- SINOUÉ (Gilbert), *Le Livre de Saphir*, 1997.
- CARRIÈRE (Jean-Claude) et FORMAN (Milos), *Les Fantômes de Goya*, Paris, Plon, 2006.
- FALCONES (Idelfonso), *Les Révoltés de Cordoue*, 2011.

FILMS ET DOCUMENTAIRES

- *Le Nom de la rose*, film de Jean-Jacques Annaud, avec Sean Connery, Christian Slater et Michael Lonsdale, France-Italie-Allemagne, 1986.
- *Les Cathares*, documentaire de Michel Roquebert, Anne Brenon et Chema Sarmiento, France, 2001.

- *Les Dossiers secrets du Vatican : la fin des cathares*, documentaire de David Rabinovitch, France, 2006.
- *Les Fantômes de Goya*, film de Milos Forman, avec Natalie Portman et Javier Bardem, Espagne-États-Unis, 2006.

www.50minutes.com

Éditeur responsable : Lemaitre Publishing
Rue Lemaitre 4 | BE-5000 Namur
info@lemaitre-editions.com

ISBN ebook : 978-2-8062-5918-9
ISBN papier : 978-2-8062-5919-6
Dépôt légal : D/2015/12603/134
Photo de couverture : © *Los Caprichos n°23*, par Francisco de Goya.

Conception numérique : Primento,
le partenaire numérique des éditeurs